AF338718

CANTIQUES

POUR

LE MOIS

DE MARIE.

Meaux,
IMPRIMERIE DE A. CARRO, RUE BOSSUET.

—

1842.

CANTIQUES

POUR

LE MOIS

DE MARIE.

Meaux,
IMPRIMERIE DE A. CARRO, RUE BOSSUET.

—

1842.

CANTIQUES

POUR

LE MOIS DE MARIE.

I

Le Mois de Marie.

Salut à toi, mois bien-aimé,
Qui portes le nom de ma mère !
Salut à ton souffle embaumé !
Salut à ta vive lumière !
Orne de roses le jardin,
Sème les fleurs dans la prairie :
Donne, le soir et le matin,
Donne tes parfums à Marie !

Au champ tu prêtes ses couleurs,
Au bosquet son riant feuillage,
Au verger ses bouquets de fleurs,
'A l'oiseau son joli ramage,
Ses jours sereins au doux printemps,
A tous ta présence chérie :
Prête-nous aussi des accens
Pour chanter un hymne à Marie !

Tendres zéphirs, brise des mers,
Berceaux, pavillons de verdure,
Senteurs qui parfumez les airs,
Échos des monts, léger murmure,
Bourgeons naissans, arbres touffus,
Lys des vallons, mousse fleurie,
Après le saint nom de Jésus,
Bénissez le nom de Marie !

Petits oiseaux, que chantez-vous
Quand l'aube blanchit la colline ?
Qui vous dicta des chants si doux
Sur ces verts buissons d'aubépine ?
Mêlez son nom à vos concerts,
Réservez votre mélodie
Pour dire aux bois comme aux déserts
Les douceurs du nom de Marie !

Zélés ministres de sa cour,
Séraphins qui gardez son trône,
Esprits ivres de son amour,
Anges qui formez sa couronne,
Redoublez vos brûlans transports,
Déroulez des flots d'harmonie :
J'unis ma voix à vos accords,
Esprits de feu, chantons Marie !

Auguste mère de Jésus,
Montre-toi mon aimable mère!
Orne mon cœur de tes vertus!
Ouvre l'oreille à ma prière !
Prête la main à ton enfant,
Soutiens mes pas, Vierge bénie!
Mon cœur sera reconnaissant
Pour te servir, douce Marie !

II

Le Mois des fleurs.

Reçois nos hommages
Dans ce mois des fleurs ;
Retiens les orages

Sous tes pieds vainqueurs.
Ah ! tes douces fêtes
Calment les tempêtes
        Toujours !
Divine Marie,
O Vierge chérie,
    Sois nos amours
        Toujours !

Le ciel doux et tendre
Comme un cœur bien pur,
Pour toi vient d'étendre
Son voile d'azur ;
Et la tourterelle
Dans nos bois t'appelle
        Toujours !
Divine Marie, etc.

La nature entière
Semble sous ta loi ;
Hormis le tonnerre,
Tout parle de toi ;
Le chant des campagnes
Répète aux montagnes
        Toujours !
Divine Marie, etc.

Qu'une main légère
Cueille en même temps
Les fleurs du parterre
Et le lys des champs :
Céleste immortelle,
Tu seras plus belle
    Toujours !
Divine Marie, etc.

Espoir de la terre,
Délices du Ciel ,
Dans la vie amère
Fleur pleine de miel,
Brillante colombe
Planant sur la tombe.....
    Toujours !
Divine Marie, etc.

Garder l'innocence
C'est t'aimer encor,
Mais si l'inconstance
Perd ce doux trésor ,
O Vierge céleste !
Ta bonté nous reste
    Toujours !
Divine Marie, etc.

Ta main nous relève
En nous caressant ;
Et comme un beau rêve,
Au suprême instant,
Ta couronne blanche
Sur nos fronts se penche
      Toujours !
Divine Marie, etc.

Une âme infidèle
Peut bien t'offenser ,
Te chasser loin d'elle,
Jamais te lasser.
Son malheur t'implore,
Tu reviens encore...
      Toujours *!*
Divine Marie, etc.

Ah ! que l'on rougisse
De ne point t'aimer,
Et que tout s'unisse
Pour te proclamer
Vierge entre les âmes
Reine entre les femmes,
      Toujours !
Divine Marie, etc.

III

Quand le ciel se rougit aux doux feux de l'aurore,
O Vierge de mon cœur ! aussitôt je t'implore,
Et ce vœu plein d'amour s'élève jusqu'à toi :
Bénis-moi, bénis-moi.

Dans les tourmens du jour, lorsque l'ennui me presse,
Au fort de mes travaux, rappelant ta tendresse,
Mes yeux mouillés de pleurs se dirigent vers toi :
Aide-moi, aide-moi !

Si, voyageur, je suis une route incertaine,
Si la nuit me surprend dans ma course lointaine ;
Mon âme en ses terreurs se recommande à toi :
Guide-moi, guide-moi !

Dans la vie, hélas! que d'écueils ! que d'orages !
Heureux qui dans le port arrive sans naufrages !
Astre du nautonnier ! je n'ai d'espoir qu'en toi :
Sauve-moi, sauve-moi !

La blanche fleur des champs, un beau ciel sans nuage,
Tout me parle de toi, tout m'offre ton image ;
La nuit comme le jour partout je pense à toi :
     Pense à moi, pense à moi !

Oui, d'un pauvre exilé sois la fidèle amie !
A t'aimer, te bénir, je consacre ma vie.
Reine du chaste amour ! tout mon cœur est à toi,
     Aime-moi, aime-moi !

IV

Bénis tes Enfans.

Dans ce beau mois, lorsqu'au nom de Marie
Un doux soleil sourit aux jeunes fleurs,
Mère si tendre et toujours plus chérie,
Souris toi-même aux désirs de nos cœurs.
     Vierge si chère
     Aux premiers ans,
     Sois notre mère
Et bénis tes enfans !

Voués à toi dès notre plus bel âge,
S'il faut connaître un monde criminel,
Près de Jésus, en dépit de l'orage,
Nous dormirons sur ton sein maternel.
     Vierge si chère, etc.

Le noir dragon qui rôde avec furie
Veut nous ravir ce cœur, notre seul bien :
Mais c'est en vain, ce cœur est à Marie !
L'enfer pour lui ne trouvera plus rien.
     Vierge si chère, etc.

D'un Dieu clément la tendresse éternelle
Nous donne au Ciel sa mère pour appui :
Heureux enfans ! en travaillant pour elle,
Nous sommes sûrs de travailler pour lui !
     Vierge si chère, etc.

Ta volonté par nous sera suivie ;
Oui, nous t'aimons et nous venons t'offrir
Tout notre cœur, nos désirs, notre vie,
Et notre mort, puisqu'il faudra mourir !
     Vierge si chère, etc.

V

T'aimer toujours ! t'oublier ! jamais.

Vierge sainte , rose vermeille ,
Toi , dont nous aimons les autels ,
Du haut des Cieux prête l'oreille
A nos cantiques solennels.
Tu sais que nous voulons te plaire ,
T'aimer, te bénir tous les jours ;
Vierge, montre-toi notre mère....
      Toujours !

Celui qu'écrasa ta puissance
Veille à la porte de nos cœurs ,
Et pour nous ravir l'innocence ,
Sous nos pas il sème des fleurs.
Nous pourrions, ingrats, te déplaire ,
Toi qui nous combles de bienfaits !
Nous, t'oublier, auguste mère ?
      Jamais !

Du mondain si l'indifférence
D'amertume abreuve ton cœur,
Lors même que dans ta clémence
Tu tends les bras à son malheur :
Nous, du moins, nous voulons te plaire,
T'aimer, te bénir tons les jours ;
Vierge, montre-toi notre mère....
      Toujours !

Malheur à l'aveugle coupable
Qui trahirait l'heureux serment
Qu'il te fit, Reine tout aimable,
De te servir fidèlement !
Plutôt mourir que te déplaire,
Toi qui nous combles de bienfaits,
Nous, t'oublier, auguste mère ?
      Jamais !

VI

Suis-moi, je mène au Ciel !

Viens, viens à moi, m'a dit souvent le monde,
Je donne à tous, bonheur, plaisirs sans fiel...
Mais une Vierge, au front pur comme l'onde,
M'a dit tout bas : Suis-moi, je mène au Ciel !

Et moi j'ai dit : Je veux suivre Marie !...
Le monde ment ; ses fruits sont des douleurs.
Mais toi, Marie, au séjour de la vie
Tu nous conduis par un sentier de fleurs.

Bonne Marie, invoque Dieu sans cesse,
Demande-lui que je sois doux de cœur,
Humble d'esprit, soumis dans la tristesse,
Mais surtout pur, pur comme un lys en fleur.

Tu sais, hélas ! cette terre est affreuse,
C'est un exil, un noir vallon de pleurs ;
Sois près de moi, rose mystérieuse,
Et ton parfum calmera mes douleurs.

Tu sais, le monde est une mer cruelle
Où trop souvent l'on rencontre la mort ;
Brillante étoile, ah ! guide ma nacelle,
Et sans danger je gagnerai le port !

VII

Une Couronne à Marie.

Pourquoi cette vive allégresse
Qui brille sur nos fronts joyeux!
Pourquoi ces nouveaux chants d'ivresse
Dont retentissent ces beaux lieux?
Enfans d'une mère chérie,
A la fin du mois vénéré,
Portons nos tributs à Marie,
Au pied de son trône sacré.

CHŒUR.

Vierge, reçois cette couronne,
Fais qu'elle soit le gage heureux
De celle qu'auprès de ton trône
Tu nous réserves dans les Cieux.

Pour la gloire de notre Reine
Quittant vos sacrés pavillons.
Autour de votre souveraine,
Anges, rangez vos bataillons.
Le front incliné vers la terre,
Mêlez votre amour et vos chants
A ceux que pour leur tendre mère
Font éclater tous ses enfans.

CHŒUR.

Vierge, reçois cette couronne, etc.

Et vous, ornement de la terre,
Croissez, croissez, charmantes fleurs,
C'est pour le front de notre mère
Que nous destinons vos couleurs.
Vierge, ici-bas pour ta couronne
Les fleurs nous offrent leurs présens :
Fais qu'un jour, auprès de ton trône,
Ta couronne soit tes enfans.

CHŒUR.

Vierge, reçois cette couronne, etc.

Hélas! de la saison nouvelle
Les fleurs ne bravent point le temps,
Mais les dons d'une âme fidèle
Durent plus que leur doux printemps,
De tes vertus, ô Vierge pure,
Si tu daignes nous revêtir,
Rien ne flétrira la parure
Dont tu sauras nous embellir.

CHŒUR.

Vierge, reçois cette couronne, etc.

Marie, aimable protectrice,
Sur tes enfans jette les yeux,
Vers eux étends ta main propice
Et prête l'oreille à leurs vœux.
Nous demandons tous l'espérance,
De la foi le précieux don ;
L'innocent la persévérance,
Et le coupable son pardon.

CHŒUR.

Vierge, reçois cette couronne, etc.

VIII

Un Serment à Marie.

Jour mille fois heureux ! offrande salutaire !
C'en est donc fait, Marie a reçu nos sermens !
De la Mère d'un Dieu nous sommes les enfans !
Honneur, respect, amour à notre auguste Mère !

CHŒUR.

Oui, nous l'avons juré, nous sommes ses enfans,
Nous faisons de nos cœurs le don le plus sincère ;
Que la terre et les Cieux redisent nos sermens :
Guerre au monde, à Satan ! amour à notre mère !

Si, parjure à mes vœux, je te quitte, ô Marie !
Que ma langue à l'instant s'attache à mon palais ;
Que ma droite séchée atteste pour jamais,
Aux yeux du monde entier, ma lâche perfidie.

CHŒUR.

Oui, nous l'avons juré, etc.

Si, pour nous enchaîner, des faux biens de la vie
Le monde offre à nos yeux les attraits imposteurs,
Disons-lui, repoussant ses funestes douceurs :
Mon cœur n'est plus à moi, mon cœur est à Marie!

CHŒUR.

Oui, nous l'avons juré, etc.

Que l'enfer de sa rage excite la tempête,
Soulève contre moi les flots de son courroux ;
Vaine fureur.... Marie a triomphé pour nous,
Pour nous du vieux serpent elle a brisé la tête.

CHŒUR.

Oui, nous l'avons juré, etc.

Ainsi, toujours vainqueurs, dans une paix profonde
Nous goûterons des Saints les plaisirs ravissans,
Foulant avec dédain sous nos pieds triomphans
Les pompes de Satan, les vains plaisirs du monde.

CHŒUR.

Oui, nous l'avons juré, etc.

Pour prix de nos efforts, un nuage de gloire
Au Ciel nous portera quand s'éteindront nos jours:
Là, de nos longs travaux délassés pour toujours,
Nous nous reposerons au sein de la victoire.

CHŒUR.

Oui, nous l'avons juré, etc.

Étoile de la mer! exposés aux naufrages,
Sans guide, loin de toi, quel serait notre sort?
Brille toujours pour nous, fais-nous surgir au port,
Pour nous calme, les flots, dissipe les orages.

CHOEUR.

Oui, nous l'avons juré, etc.

IX

Enfants, à l'autel de Marie.

Enfants, à l'autel de Marie
Allez offrir vos cœurs,
Aux pieds d'une mère chérie,
Allez jeter des fleurs, allez jeter des fleurs.

CHŒUR.

Enfants, à l'autel de Marie,
Allons offrir nos cœurs,
Aux pieds d'une mère chérie,
Allons jeter des fleurs, allons jeter des fleurs.

Prévenant notre amour, la nature s'empresse
D'embellir nos jardins et d'embaumer les airs ;
On dirait qu'elle veut réveiller la tendresse
Des enfans de Marie, animer leurs concerts.

Allons etc.

L'hiver de ses glaçons a vu rompre la chaine,
La nature a repris ses plus charmans appas ;
Pour qui seront ses fleurs, sinon pour notre reine ?
Les fleurs à son autel ne se flétrissent pas.

Allons etc.

Voyez-vous s'élever au milieu des épines
De gloire couronné le lys majestueux ?
Telle, du genre humain dominant les ruines,
Quand Marie apparaît, elle ravit les cieux.

Allons etc.

Comme un fier conquérant l'astre du jour s'élance,
Et l'on voudrait envain se soustraire à ses feux :
Telle et plus belle encor notre Reine s'avance,
Mais sa douce clarté ne blesse pas les yeux.
Allons etc.

Quand le flambeau du jour dérobe sa lumière
L'astre des nuits se lève et nous rend sa clarté ;
Quand Jésus monte aux cieux, demeurant sur la terre
La vierge de son fils rappelle la bonté.
Allons etc.

Le Soleil l'entoura d'un robe éclatante,
La Lune sous ses pieds vit pâlir tous ses feux,
Douze étoiles formaient sa couronne brillante,
Quand la Mère d'amour s'éleva vers les cieux,
Allons etc.

Vierge sainte, à Jésus daigne offrir ma prière,
Fais naître dans mon cœur tes aimables vertus,
En ce jour prouve-moi que le cœur d'une mère
Ne peut ni recevoir, ni donner de refus.
Allons etc.

Voyez dans nos jardins la rose éblouissante
Étaler ses couleurs à l'aube d'un beau jour ;

Ainsi, Mère de Dieu , de l'Église naissante
Tu faisais l'ornement et méritais l'amour.
Allons etc.

Qui n'aime à contempler les rayons de l'aurore ?
Mais quel que soit l'éclat de ses vives couleurs ,
L'aurore et tous ses feux n'égalent pas encore
La Mère de Jésus, la reine de nos cœurs.
Allons etc.

X

Ah ! Quel objet vient s'offrir à ma vue,
Et fait d'amour palpiter tout mon cœur !
A son aspect mon ame s'est émue...
Hé ! que me veut cette nouvelle ardeur ?
Un hymne ô ma jeune âme !
De sublimes efforts !
Pour l'objet qui m'enflamme,
De célestes accords !

Une Vierge, ô ciel ! quel mystère !
Par la vertu de l'esprit saint,
Conçoit, enfante, devient mère,
Et l'Éternel naît de son sein !

Honneur ! Gloire à la Vierge-mère,
Dans tous les temps, dans tous les lieux !
A genoux tribus de la terre,
A genoux puissances des cieux !
  Un hymne etc.

Salut à toi que bienheureuse
Chantent les siècles tour à tour !
Vers toi leur voix majestueuse
S'élève en un concert d'amour.
Salut, salut ! avec l'aurore
Mon hymne aussi monte vers toi,
Vers toi le soir il monte encore,
Plein d'amour, d'espoir et de foi !
  Un hymne etc.

Salut, salut, Vierge Marie !
En retour de mon faible effort,
Protége-moi durant la vie,
Mais surtout au jour de ma mort :
Puisse ma voix reconnaissante
Te bénir encor en ce jour,
Et pour toi ma vie expirante
S'exhaler en un chant d'amour.
  Un hymne etc.

—

XI

Le Memorare.

Souvenez-vous, ô tendre mère,
Qu'on n'eût jamais recours à vous,
Sans voir exaucer sa prière,
Et dans ce jour exaucez-nous,
Et dans ce jour exaucez-nous.

Des siècles reculés j'interroge l'histoire,
Pour dire ses bienfaits ils n'ont tous qu'une voix ;
Verrais-je en un seul jour s'obscurcir tant de gloire?
L'invoquerais-je en vain pour la première fois ?
        Pour la première fois.
    Souvenez-vous etc.

Marie aux yeux de tous prêta toujours l'oreille,
Le juste est son enfant, il peut tout sur son cœur,
Mais auprès du pécheur jour et nuit elle veille,
Il est son fils aussi, l'enfant de sa douleur!...
    Souvenez-vous etc.

Et moi de mes péchés trainant la longue chaîne,
Vierge sainte, à vos pieds j'implore mon pardon,
Me voici tout tremblant et je n'ose qu'à peine,
Lever les yeux vers vous, prononcer votre nom.
Souvenez-vous etc.

Mais quoi ! je sens mon cœur s'ouvrir à l'espérance,
Il retrouve la paix, il palpite d'amour ;
Je n'ai pas vainement imploré sa clémence,
La mère de Jésus est ma mère en ce jour...
Souvenez-vous etc.

Mes vœux sont exaucés puisque j'aime ma mère ,
Et que d'un feu si doux je me sens enflammé ;
Je dirai donc aussi que , malgré ma misère ,
Son cœur m'a répondu quand je l'ai réclamé.
Souvenez-vous etc.

Je n'ai plus qu'un désir à former sur la terre,
O ma mère, mettez le comble à vos bienfaits ;
Que j'expire à vos pieds et dans ce sanctuaire,
Si je ne dois au ciel vous aimer à jamais !
Souvenez-vous etc.

XII

Ah!! qu'elle est bonne!!!

❧

Ah ! qu'elle est bonne Marie ! (ter.)
De tous les pauvres mortels
Elle est la mère chérie ;
Venez donc à ses autels,
Jésus même l'ordonne ,
Jésus pour mère nous la donne,
Marie ! oh ! qu'elle est bonne !... (bis.)

Ah ! qu'elle est bonne Marie ! (ter.)
Même des pauvres pécheurs
Elle guérit tous les cœurs ;
C'est elle qui nous pardonne,
Elle ne délaisse personne,
Marie *!* oh ! qu'elle est bonne !. (bis.)

Ah ! qu'elle est bonne Marie ! (ter.)
Elle me porte en ses bras
Et vers la belle patrie
Elle dirige mes pas ;
Si contre moi le ciel tonne,
Elle se montre ma patronne,
Marie ! oh ! qu'elle est bonne !.. (bis.)

Ah ! qu'elle est bonne Marie ! (ter.)
En vain le cruel Satan
Arme sa noire furie,
Elle m'aime et me défend...
Sa tendresse m'environne,
L'enfer d'un vain courroux frissonne...
Marie ! oh ! qu'elle est bonne ! (bis.)

Ah ! qu'elle est bonne Marie ! (ter.)
Un seul regard de ses yeux
Aux pécheurs donne la vie,
Et leur assure les cieux :
Elle nous prépare un trône,
Elle nous tresse une couronne,
Marie ! oh ! qu'elle est bonne ! (bis.)

XIII

Son nom.

C'est le nom de Marie
Qu'on célèbre en ce jour,
O famille chérie,
Chantez ce nom d'amour.

C'est le nom d'une mère,
Chantez heureux enfans ;
Unissez pour lui plaire
Et vos cœurs et vos chants.
C'est le nom de Marie, etc.

C'est un nom de puissance,
Un nom plein de douceur,
Mais toujours sa clémence
Surpasse sa grandeur.
C'est le nom de Marie, etc.

3*

C'est un nom de victoire,
Il dompte les enfers,
Il nous donne la gloire
De briser tous nos fers...
C'est le nom de Marie, etc.

C'est un nom d'espérance
Au pécheur repentant,
Un gage d'innocence
Au cœur juste et fervent.
C'est le nom de Marie, etc.

Il n'est rien de plus tendre
Il n'est rien de plus fort;
Le ciel aime à l'entendre,
Pour l'enfer, c'est la mort.
C'est le nom de Marie, etc.

Il est doux à la terre,
Il est plus doux au ciel,
Un cœur pur le préfère
A la douceur du miel.
C'est le nom de Marie, etc.

La parole première
Que dit Jésus enfant,
Fut le nom de sa mère,
Qu'il dit en souriant.
C'est le nom de Marie, etc.

Que le nom de ma mère
Au dernier de mes jours,
Soit toute ma prière,
Qu'il soit tout mon secours.
C'est le nom de Marie, etc.

XIV

Ave maris Stella!

Vierge, étoile des mers,
Levez-vous sur ma tête,
Calmez les flots amers,
Et chassez la tempête,
Et chassez la tempête.

Vierge, porte des cieux,
Abaissez sur la terre
Un regard de vos yeux ;
Voyez notre misère !

Ève donna la mort
A sa race flétrie ;
Vous changez notre sort,
En nous donnant la vie.

Contre les noirs enfers
Donnez-nous la victoire ;
Brisez, brisez nos fers,
Vous en aurez la gloire !..

Montrez en ce moment,
Montrez-vous notre mère :
A Jésus votre enfant
Offrez notre prière.

O reine de la paix,
O vous, la douceur même,
Répandez vos bienfaits
Dans l'âme qui vous aime.

Donnez-nous un cœur pur,
Sainte vierge Marie !
Et par un chemin sûr,
Menez-nous à la vie !...

Gloire au Père éternel,
Gloire au Sauveur des âmes,
A l'Esprit immortel,
Gloire à l'Esprit de flammes...

XV

O Marie, ô mère de Dieu !
Vois comme au printemps de leur âge
Tes chers enfans dans ce saint lieu
T'offrent leur pur et tendre hommage.

Quelle faveur !
Ah ! quel honheur
C'est pour un cœur
D'être aimé de Marie !
Il faut que pour elle en retour
A l'amour
Il consacre sa vie.

Ce troupeau si chéri de toi
S'est réuni sous tes auspices ;
Ton saint nom, ton culte, ta loi
Font son bonheur et ses délices.
Quelle faveur !

Il est ta conquête et ton bien :
Il est le fruit de ta victoire ;
Ton intérêt seul est le sien ;
Il n'existe que pour ta gloire.
Quelle faveur !

Sort heureux, destin ravissant !
Marie est notre auguste mère ;
Jésus, le fils du Tout-Puissant
N'est-il pas aussi notre frère ?
Quelle faveur !

Oui, l'unique objet de nos vœux,
O Vierge tendrement chérie !
Est de vous posséder tous deux
Un jour dans la sainte patrie !
Quelle faveur !

Dans ce jour qui n'a pas de soir
Nous te verrons, aimable Reine ;

De notre exil ce doux espoir
Suffit pour adoucir la peine.
Quélle faveur !

Conserve, augmente ce troupeau,
A ses vœux montre-toi propice ;
Il implore un bienfait nouveau,
C'est qu'aucun de nous ne périsse.

Oui tous, un jour,
Ivres d'amour,
Au beau séjour
De la cité chérie,
Nous voulons chanter à jamais
Vos bienfaits,
O Jésus, ô Marie !

XVI

Adieu, plaisirs, adieu !
Dans ma patrie
J'entend la voix d'une mère chérie
Je vais à Dieu.

Un voile épais couvre mes yeux...
Plus de lumière,
Je vois fuir la terre,
Le bel azur des cieux.
Mais j'aperçois ma mère,
Plus belle que le jour,
Elle ravit d'amour
Mon âme tout entière.

Pour moi jamais plus les chansons
De la vallée !
Ma langue glacée
Ne rend plus aucuns sons !!...
Mais parmi les Anges
Mon âme désormais
De Marie à jamais,
Chantera les louanges.

Sous la croix, à l'ombre des fleurs
Du cimetière,
Mon corps en poussière
Est arrosé de pleurs.
Mais au sein de Marie,
Ivre de mon bonheur,
Je goûte la douceur,
De l'éternelle vie.

XVII

Salut, mois désiré, salut! mois d'allégresse !
Tu viens nous ramener un ravissant bonheur ;
Tu viens nous faire entendre un nom pleinde douceur
Un nom qui peint au cœur l'amour et la tendresse.

CHŒUR.

Marie! entends nos voix, c'est l'écho de nos cœurs;
C'est un hommage pur un dévouement sincère ;
Parfum plus doux encor que le parfum des fleurs,
Parfum qui plaira mieux à ton amour de mère.

Le temps, ainsi qu'un fleuve, en sa course rapide
Nous ravit, le cruel ! quelques uns de nos ans ;
Mais pourrait-il jamais changer nos sentimens ?
Non, ce qui tient au cœur est constant et solide.

CHŒUR.

Marie entends nos voix, etc.

Arrête donc ton cours, mois, où notre tendresse
Se plait à son autel ; en cet asile heureux
Sa voix charme nos cœurs, son image nos yeux ;
Ah ! bien loin du plaisir la redoutable ivresse !

CHŒUR.

Marie ! entends nos voix, etc.

Ta main qui nous conduit est toute maternelle ;
Tu chasses loin de nous les soucis, les chagrins ;
Tu nous promets la vie et des jours plus sereins,
Des jours où l'avenir à la foi se révèle.

CHŒUR.

Marie ! entends nos voix, etc.

Toujours ta volonté règlera notre vie ;
A jamais par l'amour, nous serons tes enfans ;
Et sans cesse envers Dieu, nous tiendrons nos sermens,
Oui, nous te le jurons, mère sainte et chérie.

CHŒUR.

Marie entends nos voix, etc.

XVIII

Son cœur.

De tous les cœurs le plus aimable,
Après le cœur du Dieu sauveur,
De tous les cœurs le plus semblable
Au cœur sacré du Rédempteur,
C'est le cœur de Marie ;
Que tout dise en ce jour :
Au cœur d'une mère chérie,
Amour, amour, amour, amour, amour, amour,

Tout le sang que Jésus versa sur le calvaire,
Au jour de sa grande douleur,
Au jour d'amour et de colère,
Il le fit jaillir de son cœur !
Mais n'est-ce pas dans le cœur de sa mère,
Que ce grand Dieu, victime de la terre,
Avait puisé ce sang, ce sang réparateur ?...
De tous les etc.

Voyez-vous sous le fer d'une lance cruelle,
Le cœur de mon Jésus s'ouvrir!...
Cette blessure est éternelle,
Et ne pourra jamais guérir!
D'un glaive aigu la pointe meurtrière
Déchire aussi le cœur de notre mère,
Et doit le déchirer jusqu'au dernier soupir!
De tous les etc.

Le cœur de mon Jésus est ceint d'une couronne;
C'est un diadême sanglant,
Chaque épine qui l'environne,
Est cause d'un nouveau tourment.
Et sur le cœur de sa mère divine
Je vois des fleurs!... des roses! mais l'épine
De ces cruelles fleurs s'abreuve de son sang.
De tous les etc.

Le cœur de mon Jésus pour conquérir nos âmes,
Et forcer nos cœurs à l'aimer,
Se laisse consumer de flammes,
Et ne peut encor nous charmer!
Et sur le cœur de cette mère aimable,
Je vois brûler une flamme semblable;
Son cœur du même amour voudrait nous enflammer!
De tous les etc.

XIX

Soupirs.

En ce jour,
O bonne
Madone,
Je te donne
Mon amour,
En ce jour.

O bonne
Madone,
Je te donne
Mon amour,
Je te donne
Mon amour.

Jour et nuit,
La terre
Entière,
Tendre mère,
Te bénit.
En ce jour etc.

Pour toujours
Mon âme
S'enflamme,
Et reclame
Ton secours.
En ce jour etc.

Si mon cœur,
O mère
Si chère,
Peut te plaire,
Quel bonheur !
En ce jour etc.

Par ton nom
J'implore
Encore
De l'aurore
Un rayon.
En ce jour etc.

O pécheur,
La bonne
Madone
Te pardonne
De bon cœur.
En ce jour etc.

Donne-moi,
Marie
Chérie,
Pour la vie
D'être à toi.
En ce jour etc.

Qu'à jamais
Mon âme
S'enflamme
Et proclame
Tes bienfaits.
En ce jour etc.

Ta douceur
Efface,
Remplace
Et surpasse
Tout bonheur !
En ce jour etc.

En ton nom
J'espère
Lumière,
Tendre mère,
Et pardon.
En ce jour etc.

Nuit et jour
Ma lyre
Soupire,
Pour te dire
Mon amour.
En ce jour etc.

A la mort,
Qui prie
Marie,
Plein de vie
Entre au port.
En ce jour etc.

XX

Pélerinage à son Autel.

Prévenons les feux de l'aurore,
Allons, précipitons nos pas ;
La Vierge nous appelle encore,
Allons nous jeter dans ses bras.
Allons offrir à notre mère
Un cœur brûlant de son amour ;
Consacrons dans son sanctuaire
Les prémices d'un si beau jour,

Consacrons dans son sanctuaire
Les prémices d'un si beau jour.

Aux pieds de la Vierge fidèle,
Venez répéter vos sermens,
Venez tous, elle vous appelle,
Car tous vous êtes ses enfants.
Elle aime à se voir entourée
De ses fidèles serviteurs,
Ils ne l'ont jamais implorée,
Sans se voir comblés de faveurs.
Allons offrir etc.

Justes, son amour vous invite,
Votre mère vous tend la main;
Qu'à sa voix votre cœur palpite.
Venez reposer dans son sein :
Vous lui retracez le modèle
Et les traits de son fils Jésus;
De sa tendresse maternelle
Ah! pourriez-vous craindre un refus?
Allons offrir, etc

Pécheur, son amour te réclame,
Pour toi son cœur est alarmé;
Ton crime a déchiré son âme,

Mais un fils est toujours aimé :
Elle reconnut au Calvaire
Jésus dans l'homme de douleurs ;
Elle va se montrer ta mère
En te couvrant aussi de pleurs.
        Allons offrir, etc.

Heureux enfants de l'opulence,
Venez à son trône immortel,
Des dons de la magnificence
Venez embellir son autel :
De votre or et de vos richesses
Quel usage plus glorieux ?
Vous achetez par ces largesses
Une avocate dans les cieux.
        Allons offrir, etc.

Vous que la fortune cruelle
Paraît poursuivre sans retour,
Chaque jour venez auprès d'elle
Chercher le pain de chaque jour.
Pauvre elle même sur la terre,
Marie entendra vos accents ;
Des orphelins elle est la mère,
Les malheureux sont ses enfants !
        Allons offrir, etc.

Vous tous qui répandez des larmes,
Venez, venez à ses genoux,
Et vos pleurs auront tant de charmes
Que le ciel en serait jaloux.
Que dis-je? votre âme attendrie
Retrouvera le vrai bonheur,
Sitôt que le nom de Marie
Retentira dans votre cœur,
    Allons offrir, etc.

XXI

C'est-elle qui nous console.

Tendre Marie,
Mère chérie,
O vrai bonheur
    Du cœur,
Ma tendre mère,
En toi j'espère,
Sois mes amours
    Toujours,
Sois mes amours
    Toujours!

Tout ce qui souffre sur la terre,
En toi trouve un puissant secours,
Ton cœur entend notre prière
Et ton cœur nous répond toujours.
    Tendre etc.

Tu nous consoles dans nos peines,
Tu viens à nous dans l'abandon,
Du pécheur tu brises les chaines,
C'est toi qui donnes le pardon.
    Tendre, etc.

Ta douce main sèche nos larmes,
Ton nom si doux guérit nos maux,
Et nous trouvons encor des charmes
A te prier sur des tombeaux.
    Tendre, etc,

Tu viens consoler ceux qui pleurent
Et tu prends soin des malheureux.
Tu viens visiter ceux qui meurent,
Et tu les portes dans les cieux.
    Tendre, etc.

C'est toi qui gardes l'innocence
Dans l'âme des petits enfans;

C'est toi qui gardes l'espérance
Dans les cœurs flétris par les ans.
    Tendre, etc.

Tu te montres la mère aimable
Auprès du petit orphelin,
Celui que la misère accable
Auprès de toi trouve du pain.
    Tendre, etc.

Le matelot dans la tempête
Invoque l'étoile des mers;
L'étoile brille sur sa tête,
Et tu calmes les flots amers.
    Tendre, etc.

Je te consacre donc mes peines,
Je te consacre mes douleurs,
Unissant mes larmes aux tiennes
Je taris ma source de pleurs.
    Tendre etc.

XXII

Première communion de Marie.

Jésus avait quitté la terre,
Mais dans ce malheureux séjour
Jésus avait laissé sa mère,
Sa mère, hélas! et son amour !
Mère chérie autant qu'aimable,
Elle pleurait dans tous ces lieux
Pleins de souvenirs précieux,
Elle pleurait inconsolable :
      Mon fils n'est plus !
Il s'est enfui, celui que j'aime ;
En vain j'appelle mon Jésus,
Il est sourd à ma voix, à ma douleur extrême,
      Mon fils n'est plus! Mon fils n'est plus !

L'enfant adopté du Calvaire,
Jean, ce fils aimé de la croix,
Célèbre le puissant mystère,
Et le pain se change à sa voix....
C'est Jésus-Christ !!. sa tendre mère
Le reconnaît, ouvre son cœur,

Et Dieu descend avec bonheur
Dans cet aimable sanctuaire :
Oui, c'est mon fils !
Il est à moi, celui que j'aime,
Il repose au milieu des lys ;
Il est heureux Jésus, et je le suis moi même,
Oui ; c'est mon fils !

Anges, dites-nous quelles larmes
Alors coulèrent de ses yeux !...
Anges, dites-nous par quels charmes
La Vierge possédait les Cieux !
Elle se consumait de flamme,
Muette, immobile d'amour,
Elle devait mourir ce jour,
Et de joie exhaler son âme !.
Oui, c'est mon fils !...
Il vit en moi, celui que j'aime,
Il repose au milieu des lys ;
Il est heureux Jésus, et je le suis moi-même,
Oui, c'est mon fils !

Et chaque jour Dieu la convie
A ce festin, à ce bonheur,
Chaque jour elle boit la vie,
Et goûte Jésus dans son cœur.

Ce fut toujours la même ivresse
Dès ce moment jusqu'à la mort,
Ce fut toujours nouveau transport,
Ce fut toujours plus de tendresse....
    Oui, c'est Jésus!
Il est à moi, celui que j'aime,
Le Dieu d'amour et des vertus!
Il est heureux Jésus, et je le suis moi-même,
    Oui, c'est Jésus!...

Trop heureux enfants de Marie,
O vous qui devez dans ce mois
Goûter ce même pain de vie
Jésus, pour la première fois,
Imitez la Vierge fidèle;
Et demandez-lui son secours,
Ce jour le plus beau de vos jours,
Tâchez d'aimer Jésus comme elle!...
    Oui, c'est Jésus!
Il va venir aux cœurs qu'il aime :
Ornez votre âme de vertus,
Enfants, aimez-le bien, comme sa mère même
    Aimez Jésus!

XXIII

Elle est plus pure.

Vous êtes plus pure, ô Marie,
Que le cristal de l'eau,
Et le charmant ruisseau
Qui coupe la prairie,
D'un sillon argenté,
N'égale pas votre beauté,
Tendre Marie,

Vous êtes plus pure, ô Marie,
Qu'un rayon matinal,
Et le char triomphal
De l'aurore fleurie,
Le charme de ses feux
N'égale pas la douceur de vos yeux,
Tendre Marie.

Vous êtes plus pure, ô Marie,
Que le lys du printemps,
Et cette fleur des champs
Si fraiche et si jolie,

Emblême de pudeur,
N'égale pas votre candeur,
Tendre Marie.

Vous êtes plus pure, ô Marie,
Que les anges des cieux;
Tout esprit glorieux
Dans la cité chérie
Courbe ses ailes d'or,
Et devant vous s'éclipse encor,
Tendre Marie.

XXIV

Litanies.

Vierge Marie,
Nous avons tous recours à vous,
Mère chérie,
Priez, priez pour nous, priez, priez pour nous,
Pour nous.
Elle est pure, Marie,
Comme les rayons des cieux;
Belle toujours, jamais flétrie,
Du Seigneur elle a charmé les yeux.
Vierge etc.

Vierge pure et féconde,
Dans une extase d'amour,
Elle enfanta le Dieu du monde,
L'éternel, pour nous enfans d'un jour.
Vierge etc.

C'est la douce lumière
Qui seule charme nos cœurs,
Son tendre regard nous éclaire,
Et sa main vient essuyer nos pleurs,
Vierge etc.

C'est la Vierge puissante
La mère du bel amour,
Elle est fidèle, elle est clémente,
Elle est Reine au céleste séjour.
Vierge etc.

C'est la ros efleurie,
C'est le lys pur, virginal,
C'est le parfum de la prairie,
C'est le feu du rayon matinal.
Vierge etc.

Trône de la sagesse,
Cause de notre bonheur,

Vase de la sainte allégresse
Vrai trésor des grâces du Seigneur.
    Vierge etc.

    Miroir de la justice,
    Tour de David, maison d'or,
Des pécheurs refuge propice,
Loin de nous elle chasse la mort.
    Vierge, etc.

    C'est l'arche d'alliance,
    C'est l'étoile du matin,
    C'est le baume de l'espérance
Dans un cœur blessé par le chagrin.
    Vierge, etc.

    C'est la Reine des Anges,
    C'est la Reine des élus,
Au ciel tout chante ses louanges,
Ses bienfaits, sa gloire et ses vertus.
    Vierge, etc.

XXV

Alma redemptoris.

Sainte Vierge Marie,
Aimable mère du Sauveur,
Je vous consacre pour la vie
L'hommage de mon cœur.
Sainte Vierge Marie,
Vous êtes la porte du ciel,
Obtenez qu'à mon agonie,
J'entre en ce séjour immortel.
Sainte etc.

Sainte Vierge Marie,
Vous êtes l'étoile des mers,
Appaisez les vents en furie,
Calmez, calmez les flots amers.
Sainte etc.

Sainte Vierge Marie,
Ah ! je vois l'écueil de la mort !
Sauvez ma nacelle chérie,
Venez, et montrez-moi le port !
Sainte etc.

Sainte Vierge Marie,
La terre se tut, eu voyant
Le Dieu qui vous donna la vie
Dans votre sein se faire enfant.
   Sainte , etc.

Sainte Vierge Marie,
O mère du divin amour,
Vous n'avez pas été flétrie
En donnant à Jésus le jour.
   Sainte , etc.

Sainte Vierge Marie
Voyez , voyez couler nos pleurs,
Priez pour nous dans la patrie ,
Priez pour de pauvres pécheurs !
   Sainte, etc.

XXVI

Ave regina.

Reine des Cieux,
Entends mes vœux ;
Reine des Anges,
A mes louanges

Ouvre ton cœur ;
Et d'un pécheur,
O tendre mère,
Exauce la prière.

Porte des Cieux,
Les malheureux
A ta puissance,
A ta clémence
Ont tous recours ;
Sauve leurs jours,
O tendre mère,
Exauce leur prière.

Du haut des Cieux,
Prends pitié d'eux.
Noble racine,
Tige divine,
Céleste fleur ;
Au Dieu sauveur,
O tendre mère,
Présente leur prière.

Reine des Cieux,
C'est de tes yeux
Que la lumière

Vient à la terre ;
C'est de ton cœur
Que le bonheur,
O tendre mère,
Nous vient dans la prière.

Reine des Cieux,
A mes adieux
Sois attendrie ;
Vierge Marie,
Et sois toujours
Tous mes amours ;
Adieu ma mère !
Mais garde ma prière !

XXVII

Regina cœli.

Triomphe, victoire,
Amour, honneur et gloire !
Voici, voici le jour
Où triomphe l'amour.

Jésus dompte la mort, Jésus est plein de vie,
Honneur, amour et gloire à Jésus et Marie !
Vierge sainte, le Dieu qui s'est fait votre enfant
Ne pouvait du tombeau subir la pourriture,
Le roi des cieux, Jésus, le Dieu de la nature
Ne pouvait mourir qu'un instant.
Triomphe etc.

Votre fils a quitté son tombeau glorieux ;
Aux premiers feux du jour, fidèle à sa promesse,
Il s'est levé des morts, tout brillant d'allégresse,
Sur la terre au plus haut des cieux.
Triomphe etc.

Vous avez partagé ses amères douleurs,
Vous vouliez avec lui mourir sur le Calvaire ;
Entrez donc dans sa joie, ô douce et tendre mère,
Et priez-le pour le pécheur.
Triomphe etc.

XXVIII

Sicut Aurora.

Lève-toi, belle aurore,
Et fais tomber encore ,
Sur la terre qui t'implore,
Un rayon de tes feux !
Marie, ô tendre mère ,
Jette encor sur la terre
Qui t'aime et te revère,
Un regard de tes yeux ;
Un doux regard de mère !...

Comme l'astre éclatant qui commande le jour,
Seul peut donner naissance à la charmante aurore,
Ainsi le Dieu que l'univers adore
A seul donné la vie à la reine d'amour !
Lève-toi etc.

Si de ces doux rayons le soleil est l'auteur,
L'aurore du soleil à son tour est la mère ;
   Ainsi le Dieu d'éternelle lumière
Est sorti de ton sein, mère du créateur.
     Lève-toi etc.

Un regard de l'aurore épanouit les fleurs,
Un seul de ses rayons ranime la nature ;
   Et toi, Marie, et toi, Vierge si pure,
Par un de tes regards tu ranimes les cœurs.
     Lève-toi, etc.

Au lever de l'aurore, à son premier rayon,
On voit tomber partout une douce rosée,
   Et de bienfaits notre âme est arrosée,
Sitôt que de Marie elle connait le nom.
     Lève-toi, etc.

Le tigre des déserts hurle pendant la nuit,
Au lever de l'aurore il rentre en son repaire ;
   A ton aspect, Marie, ô tendre mère,
L'enfer vaincu se tait, Satan tremble et s'enfuit.
     Lève-toi, etc.

XXIX

Juviolata.

Vous êtes toute pure,
Sans tache et sans souillure,
Marie !... Ah ! descendez des cieux !
Venez et recevez nos vœux, (bis.)
Venez, venez et recevez nos vœux.

Vous êtes la porte brillante
De la cité de paix ;
Dans la demeure permanente,
Sans vous nul n'entrera jamais.
Vous êtes etc.

Jetez sur nous, ô tendre mère,
Un regard maternel,
Ne dédaignez pas la prière
Que nous offrons à votre autel.
Vous êtes etc.

Donnez-nous l'aimable innocence
  Et d'esprit et de cœur ;
De la couronne de l'enfance,
Le lys est la plus belle fleur.
  Vous êtes, etc.

Du ciel nous avons par nos crimes,
  Provoqué le courroux,
Daignez fermer les noirs abimes !
Et demander pardon pour nous.
  Vous êtes, etc.

O douce mère, ô tendre Reine,
  Reine et mère d'amour,
Marie, ah ! vous pouvez sans peine
Sauver tous vos enfans un jour.
  Vous êtes, etc.

XXX

Magnificat.

Gloire à Dieu ! que toute la terre
Tressaille d'amour !
Le seigneur a fait ce beau jour,
Une vierge est sa mère !

Mon âme a tressailli , je sens , je sens mon cœur
Palpiter sous l'effort de son amour vainqueur ;
Je cède, je livre mon âme
A cette heureuse flamme,
Mon Dieu triomphe et c'est un Dieu sauveur !
Gloire à lui ! etc.

Du séjour de sa gloire, il a jeté les yeux
Sur la terre d'exil, sur l'homme malheureux ;
Il a vu toute ma faiblesse,
Mais son amour le presse,
Il aime les mortels, il veut souffrir comme eux.
Gloire à lui etc.

C'en est fait, dès ce jour, le temps, l'éternité,
L'homme, l'Ange et Dieu même, à ma félicité
Rendront un immortel hommage ;
On dira d'âge en âge
Heureux, Seigneur, le sein qui vous aura porté...
Gloire à lui ! etc.

Il a fait en mon âme un miracle éclatant,
Le roi des Cieux en moi s'est fait petit enfant :
Il montre sa toute puissance,
Sa bonté, sa clémence ;
Plus il veut s'abaisser et plus son nom est grand.
Gloire à lui ! etc.

Il a fait éclater la force de son bras,
Du faible, et du petit il a guidé les pas :
Mais il écrase le superbe,
Il foule comme l'herbe
Les mortels orgueilleux, et les livre au trépas !
Gloire à lui ! etc.

Il dit, et sa parole a détrôné les rois,
Leurs sceptres sont brisés au seul son de sa voix ;
Mais il tire de la poussière
Les pauvres de la terre
Les pauvres qui tremblaient sous de cruelles lois !
Gloire à lui ! etc.

Il offre aux malheureux ses dons et ses bienfaits,
Il verse dans leur âme une source de paix,
Mais il se montre impitoyable,
Au cœur riche et coupable
Le cœur ambitieux, Dieu ne l'aima jamais!
Gloire à lui! etc.

C'est le Dieu d'Israël, le Dieu des anciens jours,
Nos pères espéraient en son puissant secours;
Et lui, fidèle à sa parole,
Il vient, il nous console,
Qu'il règne dans les Cieux, qu'il y règne toujours!!...
Gloire à lui! etc.

XXXI

Adieu à son Autel.

Il faut quitter le sanctuaire
Ou j'ai retrouvé le bonheur,
Mais je veux auprès de ma mère,
Je veux ici laisser mon cœur.
Je pars, adieu, mère chérie,
Adieu ma joie et mes amours
Toujours je t'aimerai, Marie,
Toujours, toujours. (bis).

J'avais le cœur si plein de larmes
Quand j'approchai de ton autel !
Mais tu mis fin à mes alarmes
Par un seul regard maternel.
    Je pars.

J'ai retrouvé de l'espérance
Sitôt que je fus devant toi ;
Ton cœur toujours plein de clémence
Au cœur de Dieu parlait pour moi.
    Je pars.

Tu répondis à ma prière
Par un regard du haut des cieux ;
Et tu m'as dit : je suis ta mère
Toujours sur toi j'aurai les yeux.
  Je pars.

Oui, je le crois, au moment même
Où je priais à ton autel ,
Ton cœur m'a dit : enfant que j'aime ,
Tu m'aimeras un jour au ciel.
  Je pars.

Ah ! je voudrais, Vierge fidèle,
Rester toujours à tes genoux ,
Jusqu'à ce que la mort m'appelle.
Mourir ici serait si doux !!
  Je pars.

TABLE.

FIN.